"Dw i'n cofio'r diwrnod y daeth yr Almaenwyr i Langollen"

Dyma dref hardd Llangollen. Mae hi'n noson agoriadol yr Eisteddfod Ryngwladol ym mis Gorffennaf. Mae'r dref yn llawn cantorion, cerddorion a dawnswyr. Maen nhw wedi teithio o bedwar ban byd i gystadlu yn yr Eisteddfod arbennig hon. Bydd miloedd lawer o ymwelwyr yn dod i wylio a gwrando yn ystod yr wythnos.

Mae Trystan ac Iona yn edrych ymlaen at yr Eisteddfod. Maen nhw'n dod gyda'u rhieni i Langollen i'r Eisteddfod bob blwyddyn ac yn aros gyda Nain a Taid Hughes. Mae Mr a Mrs Hughes wedi byw yn y dref erioed ac maen nhw'n cofio nifer o ddigwyddiadau, fel ymweliad y Frenhines Elizabeth â'r Eisteddfod yn fuan ar ôl iddi gael ei choroni yn 1953 a chyngerdd Pavarotti yn 1995.

Mae'r plant yn mwynhau gwrando ar Nain a Taid yn sôn am yr Eisteddfod a sut mae eu bywydau a'r Eisteddfod wedi newid dros gyfnod o amser. Mae ganddyn nhw stori newydd i'w hadrodd wrth y plant bob blwyddyn.

Eleni mae Nain a Taid yn meddwl bod yr efeilliaid yn ddigon hen bellach i ddeall un digwyddiad pwysig iawn yn hanes yr Eisteddfod. Egluron nhw iddo ddigwydd yn 1949, ond er mwyn i'r plant ddeall y peth yn iawn, roedd angen mynd yn ôl ymhellach eto, i gyfnod pan newidiodd bywydau llawer o bobl am byth.

Dechreuodd y stori ymhell iawn o Langollen, yn yr Almaen. Gan gymryd eu tro, eglurodd Nain a Taid y cefndir.

"Roedd Prydain, ynghyd â gwledydd eraill, wedi bod yn rhyfela yn erbyn yr Almaen a'i chynghreiriaid rhwng 1939 a 1945. Roedd Taid a minnau'n ddigon hen i ddeall bod rhywbeth ofnadwy'n digwydd," meddai Nain.

Aeth Taid yn ei flaen, "Roedden ni'n ffodus iawn i fod yn byw yma yn Llangollen lle roedden ni'n ddiogel. Roedd yn gyfnod ofnadwy pan oedd pobl dros Ewrop gyfan yn dioddef a marw."

Nodiodd Nain wrth gytuno ag ef.

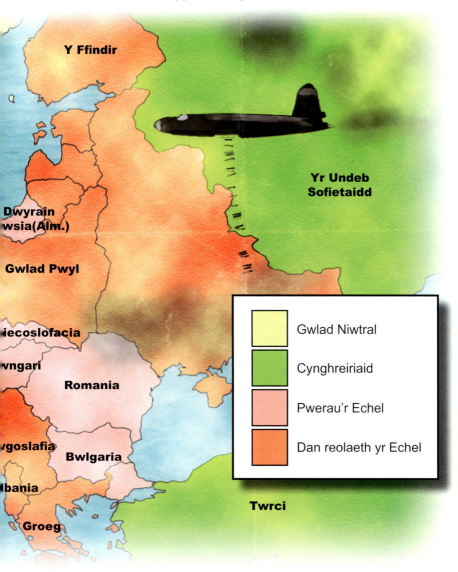

"Parhaodd y rhyfel am chwe blynedd hir, o 1939 i 1945. Yn ystod y cyfnod hwnnw cafodd llawer o frwydrau eu hymladd ar y tir, ar y môr ac yn yr awyr. Cafodd nifer o filwyr, morwyr, awyrenwyr a llongwyr masnachol o bob ochr eu lladd a'u hanafu.

"Cafodd llawer o sifiliaid eu lladd hefyd mewn cyrchoedd bomio gan yr Almaen ar leoedd fel Llundain, Lerpwl, Caerdydd, Abertawe a Wrecsam. Er enghraifft, cafodd Llundain ei bomio 57 noson ar ôl ei gilydd.

"Aeth y Llu Awyr Brenhinol ar gyrchoedd bomio yn erbyn targedau yn yr Almaen hefyd. Cafodd adeiladau eu difrodi a sifiliaid eu lladd mewn dinasoedd fel Berlin, Dresden, Köln a Lübeck.

"Hen, hen ddinas a phorthladd oedd Lübeck gyda llawer o adeiladau pren. Llosgodd y ddinas a chafodd tri chant o bobl eu lladd o ganlyniad i'r bomio."

"Pan ddaeth yr Ail Ryfel Byd i ben yn 1945, ceisiodd pobl fyw bywyd normal eto. Roedd hi'n anodd anghofio'r rhyfel a pheidio â beio'r Almaen a'i chynghreiriaid am yr holl ddioddefaint oedd wedi digwydd.

"Roedd Harold Tudor, newyddiadurwr a anwyd yn Wrecsam, yn gweithio yng ngogledd Cymru. Roedd eisiau dod â gwahanol wledydd y byd at ei gilydd eto mewn heddwch a chyfeillgarwch.

"Awgrymodd i bobl Llangollen y medren nhw gynnal gŵyl gerdd yn y dref, gyda chorau o nifer o wahanol wledydd yn cystadlu. Gallai'r bobl hyn dreulio amser gyda'i gilydd yn yr Eisteddfod a dysgu am eu gwahanol ffyrdd o fyw ac arferion. Byddai'n help i genhedloedd ddeall ei gilydd a byw mewn heddwch a chyfeillgarwch gyda'i gilydd."

"Cytunodd pobl y dref â syniad gwych Harold Tudor. Byddai'r Eisteddfod yn cael ei chynnal yn Llangollen ac yn cael ei threfnu gan bobl y dref. Sefydlon nhw bum pwyllgor i ddechrau ar y gwaith trefnu. Cafodd y pafiliwn cystadlu ei godi yn y cae chwarae lleol.

"Cafodd yr Eisteddfod gyntaf ei chynnal ym mis Mehefin 1947. Roedd hi'n wythnos wlyb iawn a doedd y trefnwyr ddim yn siŵr a fyddai corau o wledydd eraill yn cystadlu. Roedd hi'n anodd iawn teithio ar ôl y rhyfel ac ychydig iawn o arian oedd gan y rhan fwyaf o bobl, ond roedd Mr Tudor wedi gweithio'n galed iawn i ddenu corau o dramor i'r Eisteddfod. Wrth i ni i gyd ddisgwyl, roedden ni'n dyfalu a fyddai ein gwaith caled yn llwyddo."

"Roedden ni, bobl Llangollen, wrth ein boddau pan gyrhaeddodd pedwar deg o gorau o un deg pedwar o wledydd gwahanol. Roedden nhw wedi teithio o wledydd fel Hwngari, Denmarc a Sweden. Roedd y cantorion yn mynd i aros yng nghartrefi'r bobl leol yn ystod eu hymweliad.

"Ychydig o'r bobl leol yn y seremoni agoriadol a fyddai wedi dyfalu bod hyn yn ddechrau rhywbeth arbennig iawn. Dywedodd George Northing, y cadeirydd, yn ei adroddiad ar yr Eisteddfod gyntaf iddo fod yn, 'achlysur cofiadwy, yn llwyddiant di-os... rydym wedi bod yn creu hanes'."

Roedd Trystan ac Iona'n gwrando'n astud ac roedden nhw eisiau clywed mwy.

Ddwy flynedd yn ddiweddarach, yn 1949, y dechreuodd stori Nain a Taid eu hunain.

"Pan oedden ni'n ifanc, roedden ni'n byw mewn tai ar bob ochr i'r stryd yn Llangollen. Roedd ein mamau ar y Pwyllgor Llety a Chroeso ac roedden nhw wrthi'n brysur yn gwneud trefniadau ar gyfer yr Eisteddfod. Roedd yn rhaid iddyn nhw ddod o hyd i gartrefi a fyddai'n cynnig llety i aelodau'r corau oedd yn ymweld," meddai Nain.

"Y prif newyddion yn y dref oedd bod côr o Lübeck yn yr Almaen yn mynd i gystadlu yn yr Eisteddfod y flwyddyn honno. Er ein bod ni'n ifanc, roedden ni'n dal i feddwl am yr Almaenwyr fel gelynion i ni. Doedden ni ddim yn siŵr pa fath o groeso fyddai'r côr yn ei dderbyn. Roedd rhai o berthnasau pobl y dref wedi cael eu lladd a'u hanafu yn y rhyfel," ychwanegodd.

"Doedden ni ddim yn ystyried sut byddai'r bobl yn y côr oedd yn gadael Lübeck yn teimlo," meddai Taid. "Roedden nhw'n dod i wlad lle roedd y bobl wedi bod yn elynion *iddyn nhw.*

"Yn ddiweddarach clywson ni eu bod nhw'n poeni'n ofnadwy sut byddai pobl yn eu trin nhw. A minnau'n hŷn rŵan, dw i'n sylweddoli pa mor ddewr oedden nhw i ddod yma. Rhaid bod y penderfyniad wedi bod yn un anodd iawn."

Aeth Taid yn ei flaen â'r stori, "Pan gyrhaeddodd y côr yr orsaf drenau, roedden ni'n medru gweld eu bod nhw'n bryderus iawn. Roedd y dynion yn gofyn i'r gwragedd adael y trên gyntaf! Wyt ti'n cofio, Mair?"

"Ydw, a dw i'n cofio mai ein mamau ni oedd y rhai cyntaf i'w cyfarch nhw â chusan.

"Roedd rhai aelodau o'r côr yn crio mewn rhyddhad oherwydd eu bod mor hapus i gael eu croesawu fel yna," meddai Nain.

"Ac nid aelodau o'r côr yn unig," cofiodd Taid. "Roedd fy mam yn crio hefyd."

Aeth Nain yn ei blaen, "Roedd dwy wraig ifanc o'r côr yn aros yn ein tŷ ni ac roedd dyn ifanc yn aros gyda theulu Taid. Doedd dim un ohonyn nhw'n siarad llawer o Saesneg, ac yn sicr doedd dim Cymraeg ganddyn nhw!

"Wrth gwrs doedden ni ddim yn medru siarad â nhw yn Almaeneg, ond roedden ni'n dod i ben â deall ein gilydd yn iawn. Sylweddolon ni'n fuan iawn mai pobl gyffredin oedden nhw, yn union fel ni. Roedden nhw fel petaen nhw'n hapus iawn i fod yma."

"Roedden ni'n gyffro i gyd y diwrnod canlynol pan oedd y côr i fod i gystadlu," aeth Taid yn ei flaen. "Wel, nid dim ond yn llawn cyffro ond ychydig yn bryderus hefyd! Roedden ni'n medru gweld bod ein hymwelwyr o'r Almaen yn nerfus iawn. Wydden ni ddim sut byddai'r gynulleidfa yn y pafiliwn yn croesawu'r cantorion yma o'r Almaen. A fydden nhw'n gweiddi 'Bw!' arnyn nhw neu'n rhoi croeso cynnes iddyn nhw? Gwnaeth fy mam ei gorau glas i godi eu calonnau ond byddai'n rhaid i ni aros a gweld."

"Roedd fy mam wedi clywed mai Mr Hywel Roberts fyddai'n cyflwyno'r corau i'r gynulleidfa. Roedd brawd
Mr Roberts wedi cael ei ladd wrth ymladd yn yr Almaen
reit ar ddiwedd y rhyfel bedair blynedd ynghynt," cofiodd
Nain. "Sut byddai o'n cyflwyno'r côr yma o'r wlad oedd wedi dechrau'r rhyfel a achosodd farwolaeth ei frawd?

"Daliodd pawb yn y pafiliwn eu hanadl.

"Wedyn cerddodd Mr Roberts yn araf i ganol y llwyfan a gofyn i'r gynulleidfa groesawu côr Lübeck fel, 'ein cyfeillion o'r Almaen.'

"Dechreuodd rhai pobl grio a gweiddi hwrê. Wyt ti'n cofio, David, sut bu'n rhaid i ni aros am dipyn cyn y gallai'r côr ddechrau canu? Roedden nhw mor hapus eu bod nhw wedi cael y fath groeso cynnes."

Gorffennodd Taid y stori, "Felly, rydach chi'n gweld, blant, roedd yr Eisteddfod wedi bod yn llwyddiannus. Roedd y gwahaniaethau rhwng pobl, a gafodd eu hachosi gan yr Ail Ryfel Byd, wedi dechrau cael eu hanghofio oherwydd cerddoriaeth a chyfeillgarwch yma yn ein tref ni!"

Roedd Trystan ac Iona wedi mwynhau gwrando ar stori Nain a Taid.

"Diolch am ddweud wrthon ni am y côr o Lübeck," meddai Trystan.

"Dw i'n falch iawn eich bod chi'n cofio'r diwrnod y daeth yr Almaenwyr i Langollen. Mi geisia i gofio'r stori ac efallai ei hadrodd hi wrth fy wyrion ryw ddiwrnod."

Chwarddodd Iona wrth feddwl am Trystan yn daid! Wedyn meddyliodd, yn synhwyrol iawn, "Beth am ei hysgrifennu hi ac wedyn wnawn ni fyth ei hanghofio?"

Roedd Trystan, Nain a Taid yn meddwl bod hyn yn syniad da iawn.

"Rydyn ni wedi cadw cysylltiad â'n tri ymwelydd o'r Almaen ac wedi ymweld â nhw yn Lübeck a hwythau wedi dod yn ôl i ymweld â ni. A dweud y gwir, bydd un o'r gwragedd, Eva, yn yr Eisteddfod yfory. Hoffech chi gwrdd â hi? Mae hi'n hen wraig fach rŵan ac mae hi'n dod efo'i mab," meddai Nain.

"Hoffem, yn wir," meddai Iona'n llawn cyffro. "Efallai y gallwn ofyn iddi beth mae hi'n ei gofio am Eisteddfod 1949?"

"Wel, dw i'n cofio'r diwrnod y daeth yr Almaenwyr i Langollen fel petai'n ddoe," meddai Nain a Taid gyda'i gilydd. Chwarddodd pawb!

"Dw i'n credu y byddai'n ddiddorol gofyn i'w mab beth ddywedodd ei fam wrtho am fod yn un o'r Almaenwyr cyntaf i ddod i Langollen ar ôl y rhyfel," ychwanegodd Trystan.

Nodiadau